DAS LEHRBUCH

Das Lilienzeitalter,
die hohe Zeit nach der Zeit:
Gott in uns
und wir in Gott

Das Lilienzeitalter, die hohe Zeit nach der Zeit: Gott in uns und wir in Gott

*Das Ewige Wort,
der Eine Gott, der Freie Geist,
spricht durch Gabriele,
so wie durch alle Gottespropheten –
Abraham, Hiob, Moses, Elia, Jesaja,
Jesus von Nazareth,
der Christus Gottes*

*Das Lilienzeitalter,
die hohe Zeit nach der Zeit:
Gott in uns
und wir in Gott*

von Gabriele

1. Auflage Mai 2020
© Gabriele-Verlag Das Wort GmbH
Max-Braun-Str. 2, 97828 Marktheidenfeld
Tel. 09391/504135, Fax 09391/504133
www.gabriele-verlag.com
Alle Schmuckbuchstaben: © Gabriele-Verlag Das Wort
Alle Rechte vorbehalten.
Druck: KlarDruck GmbH, Marktheidenfeld
ISBN 978-3-96446-074-5

Inhalt

Es wird noch einmal werden 7

Der Weg im Lilienzeitalter:
Gott in uns und wir in Gott 9

Alles ist Energie, alles hat Bewusstsein 12

Jeder Einzelne bestimmt sich jeden Tag selbst –
wir sind gefragt 15

Im Lilienzeitalter, im Beginn zur Neuen Zeit,
stellen wir schon am Morgen die Weichen für
unseren Tag 20

Der Beginn des Lilienzeitalters –
frei werden von uns selbst für die Neue Zeit:
Gott in uns und wir in Gott 25

Wir sind umgeben von Gott, der das All-Leben
ist – wahres Leben ist Gebet 30

Der Tag – ein unvorstellbares Buch zur
Erkenntnis 34

Das wahre Leben ist das ewige Leben 41

*Räumen wir das Allzumenschliche in uns aus,
um unser wahres Wesen wiederzufinden:
Geist aus Seinem Geiste* 47

*Das Blut, unser Spiegelbild.
Der Mensch im Tiefstand der Degeneration* 51

*Wir selbst sind gefragt, die Veränderung jedes
Einzelnen* 61

*Jede Lebensäußerung wird aufgezeichnet –
unsere Filmspulen sind Tag für Tag aktiv* 65

*Wir sind gefragt, wie wir es mit dem All-Leben
halten wollen* 70

Es wird noch einmal werden ...

Es wird noch einmal werden, bevor die Welt vergeht, dass doch auf dieser Erden ein Friedensreich entsteht; ein Reich der Edlen, Freien, auch von sich selber frei, ein Bund der Wahren, Treuen, dem Geist des Guten treu.

Es wird zu keinem Tempel dies Volk vereinigt geh'n; man wird den gleichen Stempel auch sonst an allen seh'n. Und wo nur einer bliebe, da würd' er nicht besiegt, Es ist die Kraft der Liebe, die alles überwiegt.

Gott holt in Seiner Liebe auf weitem Erdenrund die Schar der treuen Kämpfer und schließt mit ihr den Bund.
Kein Herz wird widerstehen und schenkt sich freudig Dem, der dann regiert als König das Neu Jerusalem.

Das Volk ist auferstanden und wird von Ihm geführt, Dem einzig alle Ehre und aller Dank gebührt.
Es ist schon lang geschrieben und steht in Gottes Plan, was jetzt in Seinem Willen von diesem Volk getan.

(Text C. Hilty 1833 und Universelles Leben)

Der Weg im Lilienzeitalter:
Gott in uns und wir in Gott

Das Lilienzeitalter steht am Beginn einer Neuen Zeit: Aufbau Neu Jerusalem im Zeichen der Liebe und Nächstenliebe, in Gott, dem Vater-Mutter-Sein, dem All-Gesetz der Liebe. Die Gottes- und Nächstenliebe ist das ur-ewige Gesetz der Himmel, das allgegenwärtig ist.

Gott ist Liebe. Die Gottesliebe ist die stärkste Kraft, ist die All-Kraft in der Unendlichkeit. Gott, die Liebe, das All-Gesetz der Liebe, durchströmt alle Sonnen, alle Planeten, alles Sein.

Natürlich gehört auch der materielle Kosmos dazu mit dem Planeten Erde – alles, was auf, in und über der Erde ist, trägt das Leben, den Odem Gottes, die Liebe, das Gesetz des Alls.

Der Beginn des Lilienzeitalters zeigt schon den Weg zum ewigen Leben auf. Mit wenigen Worten nennt sich der Weg:

Gott in uns und wir in Gott.

Das Lilienzeitalter, der Beginn in die Neue Zeit, trägt den messianischen Namen des Mitregenten des Ewigen Reiches, des Sohnes Gottes, einst in Jesus von Nazareth, Seine Weisungen für das Friedensreich des Christus Gottes, das Wort des Christus Gottes, einst in Jesus von Nazareth:

„Der Beistand aber, der Heilige Geist, den der Vater in Meinem Namen senden wird, der wird euch alles lehren und euch an alles erinnern, was Ich euch gesagt habe ...

Wenn aber jener kommt, der Geist der Wahrheit, wird er euch in die ganze Wahrheit führen. Denn er wird nicht aus sich selbst heraus reden, sondern er wird sagen, was er hört, und euch verkünden, was kommen wird."

Die Weisheit in Gott, dem Christus Gottes, ist zu den Menschen gekommen, um sie zu lehren, was es heißt: Gott in uns und wir in Gott.

Wir gehen Schritt für Schritt in die Neue Zeit.
Dabei lassen wir das Symbol der Lilie nicht außer Acht.

Die Lilie, die Reinheit des Lebens, begleitet uns Schritt für Schritt in das ur-ewige Gesetz der Gottes- und Nächstenliebe.

Die Gottesliebe ist die All-Kraft, ist die Nächstenliebe.

Die Gottesliebe ist das Leben in der Seele des beseelten Menschen. In jeder Zelle unseres physischen Körpers, in jedem Blutgefäß, in allen Bausteinen unseres Leibes ist das Leben, Gott.

Die Seele des Menschen und alle Bausteine des physischen Leibes sind in das Wort „Leben" gefasst, was besagt: Alles hat Bewusstsein und letzten Endes den entsprechenden Bewusstseinsstand, je nach Reife, gleich Reifegrad der Seele und des Menschen.

Alles ist Energie,
alles hat Bewusstsein

Alles beruht auf Energie. Da alles Energie ist, hat auch alles den entsprechenden Reifegrad und den derzeitigen Bewusstseinsstand.

Einerlei, welchen Namen wir Menschen dem irdischen Leben geben – alles hat Bewusstsein, woraus sich der weitere Bewusstseinsstand entwickelt. Die weitere Entwicklung oder Entfaltung des Bewusstseins nennt man auch Evolution oder Wachstum oder Reife.

Wie erwähnt: Alles ist Energie – und beruht auf Senden und Empfangen. Energie hat Formen, Farben, Düfte und Klänge. Energie kann nicht zerstört werden, nur verändert. Doch alles ist durchströmt von dem ur-ewigen Gesetz, das die unverbrüchliche Gottesliebe ist.

Weil alles auf Energie unterschiedlichen Bewusstseins beruht, so kann gesagt werden: Die unterschiedlichen Bewusstseinsgrade sind beständig in Kommunikation, zum einen mit dem gleichen energetischen Bewusstseinsgrad, zum anderen mit allen schon entwickelten Bewusstseinsständen.

Jeder entwickelte Bewusstseinsstand sendet und empfängt, doch in allem ist der Bewusstseinskern des Lebens, der einzig mit dem All-Leben, dem All-Gesetz, Gott, das die Liebe ist, in Kommunikation steht.

Wo immer wir Menschen gehen und stehen und auch wenn wir Fahrzeuge oder andere Beförderungsmittel benützen – der menschliche Körper bleibt mit der Erde verbunden.

Alles ist Bewusstsein. Ob wir nach oben blicken oder nach unten, nach rechts oder nach links, alles hat Bewusstsein, weil alles das All-Leben trägt, das ewige All-Gesetz des Seins, Gott.

Wird uns Menschen das bewusst, dann verstehen wir auch, dass es nichts gibt, das tot ist, denn Bewusstsein ist Leben und Kommunikation.

Wie gesagt: Es gibt nichts Totes. Was wir als ungenießbar oder gar als tot bezeichnen, hat Kommunikationsanteile und kommt daher zur Umwandlung. Die sich daraus entwickelnde Substanz ist weiterhin aktives Leben, nur in einer anderen Form und mit dem entsprechenden Bewusstseinsgrad.

Menschen haben unterschiedliche Anschauungen vom Leben und darüber, was Leben heißt. Selten machen wir Menschen uns Gedanken, was eigentlich Leben bedeutet. Alles, was zerfällt, was von uns Menschen nicht mehr zu gebrauchen ist und weggeräumt wird – einerlei, welche Gegenstände es auch sein mögen –, trägt Bewusstsein, das in sich die Umwandlung beinhaltet.

Auch die vier Elemente Feuer, Wasser, Erde und Luft sind Bewusstsein.

Alles ist Energie. Auch unsere Nahrung, unsere Getränke, die Kleidung, die Wohnungseinrichtung und Weiteres mehr sind Bewusstsein. Der Bewusstseinsstand ist ganz und gar unterschiedlich, doch alles beruht auf Energie. Auch der Mensch ist ein einziger Energiekörper. Jede Funktion unseres Körpers, jedes Organ, alle Drüsen, Hormone, Knochen, Sehnen, Bänder, Blutgefässe und, und, und, haben unterschiedliche Bewusstseinsgrade und sind aufeinander angewiesen.

Wie gesagt: Jeder Körper ist ein Energiekörper unterschiedlicher Frequenz, gleich Schwingung, und jede Schwingungszahl ist Bewusstsein. Jeder Mensch hat seinen spezifischen Bewusstseinsstand, der entsprechende Nahrung oder das entsprechende Medikament verlangt, doch alles beruht auf Energie, dem jeweiligen Bewusstseinsstand.

Jeder Einzelne bestimmt sich jeden Tag selbst – wir sind gefragt

Geht es um die persönlichen Anlagen und Neigungen, dann heißt es zumeist: „Wir haben unsere Anlagen mitgebracht, eventuell von den Eltern, den Großeltern oder von einer weiter zurückliegenden Verwandtschaft."

Das kann möglich sein – bedenken wir, dass die Menschen der sogenannten Ahnenkette vor uns über die Erde gingen und ihre Verhaltensmuster wohl ihren Nachkommen übertrugen und die Nachkommen wieder ihren Nachkommen. Doch einerlei, was unsere Vorfahren uns an Erbgut übertrugen – wir sind gefragt.

Unsere Vorfahren hatten ihre Zeit, jetzt haben wir unsere Zeit.

Auch wenn wir an die Reinkarnation glauben und uns Gedanken machen, wer wir aus der Ahnenkette eventuell gewesen sein könnten, heute sind wir gefragt, was wir aus unserem Leben machen, einerlei, was wir vermuten, mitgebracht zu haben.

Das Wort „Leben" könnte des Rätsels Lösung beinhalten, denn heute und jetzt sind wir gefragt; jeder Einzelne von uns Menschen ist gefragt – und nicht das, wie es der andere hält.

Ganz gleich, was wir eventuell von unseren Vorfahren geerbt oder mitgebracht haben oder woher dieses und jenes kommen mag – wir sind gefragt, denn wir leben jetzt und heute.

Jeder Einzelne ist also gefragt, wie er es mit seinem Leben gehalten hat und hält. Das ist entscheidend und kann uns weiterhelfen, um Vergangenes zu lösen und Zukünftiges so zu gestalten, wie es dem heutigen Dasein entspricht, das wir als „unser Leben" bezeichnen.

Des Rätsels Lösung kann aus der Welt unserer bis heute gehegten Gefühle, Empfindungen und Gedanken abgelesen werden, aus unserem Verhalten uns selbst und auch unseren Mitmenschen gegenüber und auch im Hinblick auf die Tier- und Pflanzenwelt.

Bis wir uns ganz und gar bewusst sind, dass alles, aber auch alles, auf Energie beruht, sollten wir immer wieder einmal innehalten und über die Aussage nachdenken: „Alles beruht auf Energie."
Wie gesagt: Der Mensch, der physische Körper ist ein Energiekörper, ist also Energie.
Wir, jeder Einzelne von uns, bestimmt sich jeden Tag selbst. Das heißt, wir bauen unsere Körperenergie auf durch unsere täglichen Verhaltensweisen, oder wir bauen unseren Energiehaushalt ab – einzig durch unsere Lebensweise, die sich in unseren Verhaltensmustern zeigt.

Es sei wiederholt:
Das Für und Wider – was besagt: Energiezufuhr oder Energieabbau – bestimmen wir selbst jeden Tag durch unsere Verhaltensmuster, gleich unsere

Lebensweise, die aus unseren Gefühlen, Empfindungen, Gedanken, Worten und Taten besteht.

Wir, jeder Einzelne von uns, ist also gefragt.

Mit Recht sagt manch einer: „Zum einen werden wir jeden Tag älter, zum anderen ist auch unsere Ernährung wichtig." Das stimmt, doch bedenken wir: Alles beruht auf Energie.

Wir selbst wägen und messen, was wir essen und wie viel wir zu uns nehmen. Und wir werden wohl von Jahr zu Jahr älter, doch hier steht die Frage an: „Werde ich alt, oder werde ich älter?" Wieder bestimmt es jeder selbst. Genauer analysiert heißt das: Werden wir durch die Jahre, gleich Jahrzehnte alt, oder werden wir in der gleichen Zeit älter?

Was ich, Gabriele, damit ausdrücken möchte, ist: dass wir, jeder Einzelne, es selbst bestimmt durch seine Verhaltensweisen, die sich auf die fünf Lebenskomponenten, gleich Ichheits-Komponenten beziehen: Gefühle, Empfindungen, Gedanken, Worte und Taten. Wir, also jeder Einzelne von uns, ist selbst gefragt, und nicht der andere.

Deshalb die persönliche Lebensschule für das Leben der Neuen Zeit im Zeitalter der Lilie.

Der Weg zum inneren Leben, dem wahren Leben, geht in eine lichtere Zukunft.

Jesus von Nazareth lehrte uns den ewigen All-Einen Gott, den Vater der Liebe, dessen Geist im Urgrund unserer Seele ist, also Gott in uns.

Gott, das ewige Gesetz, das Leben, der Geist der Wahrheit, ist in jedem beseelten Menschen und in jeder Seele. Der allgegenwärtige Geist ist das All-Leben, ist die Liebe und Treue zu all Seinen Söhnen und Töchtern.

Die Natur, die ebenso das All-Leben trägt, kann uns Menschen eine gute Lehrmeisterin sein, wenn wir zum Beispiel an die Jahreszeiten denken, an das Werden und an das Vergehen, um doch im Frühling wieder zu sein.

*Im Lilienzeitalter, im Beginn
zur Neuen Zeit, stellen wir schon
am Morgen die Weichen für unseren Tag*

Liebe Mitmenschen, unser Tag beginnt nicht erst nach dem Frühstück. Schon beim Erwachen kann er uns aus der Nacht einiges mitteilen, und schon beim Erwachen beginnen wir zu denken.

Der erste Gedanke am Morgen ist der persönliche Gedanke jedes Einzelnen, der aus seiner Programmwelt kommt. Auch hier könnte uns ein Beispiel aus der Natur hilfreich sein; so manche Pflanzenart erwacht am Morgen zur nächsten Blüte.

Jeder von uns bestimmt durch seine Verhaltensweisen seine persönliche Welt, seine Lebensprogramme. Das ist sein entsprechendes Stimmungsbarometer, das auf seine fünf Ichheits-Komponenten zurückzuführen ist, auf sein Fühlen, Empfinden, Denken, Reden und Handeln.

Wie gesagt: Wir sind gefragt, nicht der andere. Wir sollten uns also angewöhnen, unsere Verhaltensmuster nicht anderen zuzudenken oder zuzusprechen.

Jeder von uns hat Verstand, um zu messen und zu wägen, einerlei, wer uns was einsuggerieren möchte oder wie wir erzogen wurden.

Wir sind gefragt – nicht im Hinblick darauf, was wohl gestern war, sondern wer wir heute sind und was wir daraus machen.

Zurück zu unserer Denkwelt, die uns schon beim ersten Erwachen etwas zu sagen hat. Es ist unser erster Gedanke. Der erste Gedanke kann schon unsere Stimmung anregen und unser Nervensystem einstimmen. Und schon können wir uns mitten in einer unserer Programmsituationen befinden. Schon zu Beginn des Tages heißt es also: Wir sind gefragt.

Wie entscheiden wir uns? – Denn unsere Stimmungslage möchte schon die Richtung für den Tag vorgeben.

Was auch vorliegt, wir sind gefragt, wie wir es nun halten wollen.

Im Lilienzeitalter, im Beginn zur Neuen Zeit, stellen wir schon am Morgen die Weichen für unseren Tag. Wir wägen und messen zum einen unsere Stimmungslage, zum anderen unser Tagesprogramm. Wägen und Messen heißt, analytisch das zu überdenken, was uns betrifft.

Dabei nehmen wir uns selbst unter Kontrolle, unsere eigene Gedankenwelt.

Wie gesagt, schon der Morgen unseres Tages hat uns viel zu sagen. Beim Einnehmen unseres Frühstücks zum Beispiel lernen wir: „Halt, nicht so hastig wie früher!" Wir bemühen uns also, bewusster zu essen, zu trinken und zu denken. Das heißt, wir beginnen umzudenken, was unsere Hektik betrifft. Manch einer denkt: „Ich bin in Eile, ich habe keine Zeit, bewusst zu essen, zu kauen und zu trinken." Trotz alledem gilt: Nur die persönliche Erfahrung führt zur Meisterschaft.

Sollten Sie den Tagesbeginn in dem Bestreben annehmen, am Morgen Ihre Toilette besonnen zu vollziehen und Ihr Frühstück bewusst und in Ruhe einzunehmen, werden Sie bald merken, dass Sie dafür kaum mehr Zeit benötigen als sonst, ganz im Gegenteil. Sie werden oder bleiben ruhiger, und der Beginn des Tages hat schon eine ganz andere Note.

Das Zeitalter der Lilie führt zur Neuen Zeit. Das wahre Gebet heißt: bewusst leben.

Sollte die Zeit reichen, dann stellen wir uns kurz ans Fenster und schauen in das Firmament. Haben wir wenig Zeit, weil die Uhr immer unseren Alltag bestimmt, dann werden wir, wenn wir unterwegs sind oder wenn wir zu unserem Fahrzeug gehen, kurz den Blick zum Firmament richten. Eine Übung, die nicht sogleich Früchte bringt, doch bleiben wir dran!

Mit der Zeit merken wir, dass wohl jeder Tag seine Gedanken hat, doch plötzlich und wie unverhofft steigen in uns Gedanken auf, die uns bisher nicht so geläufig waren. Was will uns das sagen?

Die Botschaft heißt: dass jeder Tag Ihr Tag ist und Ihr Tag zu Ihnen spricht. Schon am frühen Morgen beim ersten Gedanken beginnt Ihr Tag.

Die Botschaften des Tages haben Sie irgendwann selbst eingegeben, entweder in Ihr Unterbewusstsein oder in Ihre Seele, von wo aus sich Ihr Tag meldet und Ihnen die Botschaft überbringt, die heute für Sie zu bearbeiten ansteht. Das heißt für uns, die wir der Neuen Zeit zustreben, bewusst zu leben.

Je mehr Sie, also wir, unsere Tagesweisungen analytisch durchdenken – was nicht heißt, die tägliche Arbeit und die Weisungen des Vorgesetzten nicht zu befolgen –, umso mehr werden wir bald merken, dass wir ruhiger werden und analytischer zu denken und zu arbeiten vermögen.

Wir werden die Arbeit, die wir zu erfüllen haben, um vieles bewusster und konzentrierter durchführen. Ohne uns rechtfertigen zu wollen, nehmen wir die Angelegenheit an, denn es ist nun mal so, wie es ist. In unserem Alltagsleben hat alles Vor- und Nachteile, doch wer soll das ändern, wenn nicht wir? Denn wir sind gefragt.

Für jeden von uns ist der Tag sein Tag, deshalb ist auch jeder von uns gefragt.

Wenn uns das bewusst wird, dass wir in jeder Situation gefragt sind, beginnen wir mehr und mehr, uns selbst zu hinterfragen, um unsere Gedanken zu ordnen und eventuell unsere Selbstgespräche zu analysieren. Dabei kommen wir hinter so manchen Energieverlust.

*Der Beginn des Lilienzeitalters –
frei werden von uns selbst
für die Neue Zeit:
Gott in uns und wir in Gott*

Wir stehen vor einer mächtigen Umbruchszeit. Eine Neue Zeit dämmert empor und möchte uns das Lilienzeitalter nahebringen.

Das Lilienzeitalter beinhaltet die Lehre des Christus Gottes, einst in Jesus von Nazareth: Gott in dir und du in Gott – denn in allem ist das Wort des Alls.

Das Wort des Alls ist das Wort des Schöpfergeistes in der ganzen Natur; im ganzen All, in der Unendlichkeit, spricht das Schöpfungswort, das wir Gott nennen. Unsere Atmosphäre, die wir oftmals Himmel nennen, kann auch als der All-Dom bezeichnet werden, unter dem alle irdischen Pflanzenarten, die ganze irdische Tierwelt, jeder Stein und alle Mineralien ihren irdischen Platz haben.

Die vier Grundkräfte Gottes – Ordnung, Wille, Weisheit und Ernst, auf Erden die vier Elemente Feuer, Wasser, Erde und Luft genannt – versorgen die irdischen Lebensformen.

Das Ewige Reich, das ewige Sein, ist die ewige Heimat aller Wesen aus Seinem Geiste und aller Lebensformen.

Die Unendlichkeit, das Sein, ist Kommunikation.

In den vier Entwicklungsebenen, die Schöpfungswiege des Seins genannt, beginnt die Evolution, gleich Kommunikation der Entwicklungsformen, von der wir schon in einer göttlichen Offenbarung gehört haben, die uns vieles erkennen lässt.

Liebe Mitmenschen, unser Umdenken hin zum wahren Leben hat zum Ziel, wieder göttlich zu werden, so wie es uns der wahre Gott durch Mose in den Zehn Geboten lehrte und Sein Sohn, der Christus Gottes, in Seiner Bergpredigt.

Leben heißt All-Leben, das Schönheit und Reinheit ist. Dabei ist uns die Lilie Vorbild. Wir lernen, um zu unserem wahren ewigen Leben wieder zurückzufinden.

Wir beginnen zu lernen in dem, was uns die Tagesereignisse aufzeigen.

Das ist der Beginn des Lilienzeitalters, des Reinen und Ausgewogenen und des Freien: frei zu werden von uns selbst für die Neue Zeit, für das messianische, sophianische Zeitalter, Gott in uns und wir in Gott. Auf den Einzelnen bezogen, heißt das: Gott in mir und ich in Gott.

Im Zeichen der Lilie, der Neuen Zeit, werden wir allmählich von uns selbst frei, frei von Selbstgesprächen, von Prologen und Monologen, frei von unschönen Geheimnissen.

Pflegen wir unsere Selbstgespräche, Prologe und Monologe unkontrolliert weiter, dann gehen diese mit der Zeit in unser Unterbewusstsein ein und dann in unsere Seele als Programm. Auf diese Art und Weise programmieren wir uns selbst.

Das Unterbewusstsein kann zu einem nicht unbeachtlichen Geheimnisträger werden, der sich tagsüber und auch in der Nacht immer mal wieder meldet, bevor es sich als Gravur in unserer Seele, in den Seelenpartikeln festsetzt und irgendwann zur Bereinigung ansteht oder gar zur Wirkung kommt.

Unser Persönliches kann also sehr facettenreich sein, das uns in vielen Situationen so manches sagen möchte, um aufgearbeitet zu werden, zum Beispiel, wenn uns Traurigkeit oder Überheblichkeit oder weit Schwerwiegenderes überkommt.

Oft sucht man Hilfe. Im Zeichen der Lilie, der Freiheit und Reinheit, gehen wir zu Gott in uns, denn wir sind der Tempel Gottes, und der wahre Gott ist in uns, also Gott in uns und wir in Gott.

Es gibt viele Möglichkeiten, uns zurückzuziehen, um in uns, zu Gott in uns zu beten. In unserem Tagespensum gibt es auch Unterbrechungen, zum Beispiel eine Pause in der Arbeit oder nach dem Mittagsmahl, wenn noch Zeit ist, oder auf dem Weg nach Hause oder zu Hause. Mit der Zeit merken wir: Gebet ist Leben, und wahres Leben macht frei.

Gebet heißt auch, nach dem wahren Leben Ausschau zu halten, das wir überall wahrnehmen können, ob es am Firmament ist oder im Regentropfen, der an der Fensterscheibe entlang fließt, z.B. wenn wir gerade unser Fahrzeug besteigen. Ob wir ins Firmament blicken oder den Regentropfen am Fenster beachten – vieles, ja alles möchte sich uns mitteilen, denn das Leben ist allgegenwärtig.

Merken wir uns: Der wahre Gott ist der allgegenwärtige Geist des Lebens.
Das All, die Unendlichkeit, ist das *„Ich Bin das All-Leben"*, und wir sind Seine Kinder, Seine Söhne und Seine Töchter. Wir sollen wieder zu dem werden, was der Wesenskern unserer Seele innehat, das Wesen des Seins.

Deshalb heißt es: frei werden von uns selbst.
Hierfür ist die Lilie ein Symbol. Sie möchte uns an unser wahres Wesen erinnern, an die Reinheit und Schönheit, an das kosmische Leben, das wir im Kern unserer Seele sind.

*Wir sind umgeben von Gott,
der das All-Leben ist –
wahres Leben ist Gebet*

Gebet heißt also: Leben nach dem Gesetz des Lebens.

Das Leben ist die All-Einheit, die uns das Firmament, die Natur, der Stein, jede Blume, jeder Baum, jeder Strauch, jedes Tier aufzeigt. Es ist das Wort des Alls.

Jeder Sonnenstrahl, den wir bemerken, kann eine Botschaft enthalten. Jeder Windhauch, der unsere Haare bewegt oder über unser Gesicht streicht, kann eine Botschaft für uns innehaben.

Denken wir daran: Gott in uns und wir in Gott.

Der wahre Gott ist die Unendlichkeit.

Es ist das Vater-Mutter-Sein.

Das ewige Sein hat sich die geistig-göttliche Form gegeben, so dass alle Seine Söhne und Töchter Ihn, das Ur-Wesen des Seins, schauen können, das mit ihnen in der All-Einheit des Ewigen Reiches wirkt.

Weil der Ewige auch wesenhaft unter Seinen Söhnen und Töchtern ist, erkennen sie auch ihre Schaffungen als die Ebenbilder des Vater-Mutter-Seins und gleichzeitig, dass sie Erben der Unendlichkeit sind.

Alles Sein ist Bewusstsein und hat den jeweiligen Bewusstseinsstand, der im Schöpfer, dem Vater-Mutter-Gott, Evolution ist, was Weiterentwicklung bedeutet.

Immer mehr und tiefer verstehen wir, was Gebet in Wirklichkeit bedeutet: wieder zu dem zu werden, was unser Seelenkern trägt – unser wahres Wesen.
Das wieder zu werden, ist unsere Aufgabe, die zum wahren Leben führt, zur Sohn- und Tochterschaft in Gott, dem Vater-Mutter-Sein.
Deshalb ist jede Minute in unserem Erdenleben kostbar.

Im Seelengrund jedes beseelten Menschen pocht das Leben der Unendlichkeit. Das Leben ist derart mannigfach und vielfältig, dass wir

Menschen das All-Leben im Detail niemals ganz erfassen können. Doch um wie vieles mehr erleben und erfassen wir, wenn wir wahrhaft zu leben beginnen, denn wie gesagt:

> Wahres Leben ist Gebet,
> Gott in dir und du in Gott.

Der wahre Ewige Gott ist das All-Leben. Das Leben setzt sich in Bewusstseinsfolgen, in unermesslichen Strömungen, in mächtigen Äonenläufen fort.

Jeder beseelte Mensch hat seinen seelischen Bewusstseinsstand, den er zum Blühen bringen kann, denn wohin der Mensch auch geht, wo er auch steht, es umgibt ihn das wahre Leben und somit der wahre All-Eine Gott.

Ob wir zur Arbeit gehen oder fahren, ob wir als Frau oder Mutter unsere Arbeit verrichten – wir sind umgeben von Gott, der das All-Leben ist.

Manch einer fragt: „Wer oder was ist Gott? Wer oder was ist das All-Leben?"

Ob uns das Wort „Gott" geläufig ist oder der Begriff „All-Leben" – es ist immer der mächtige all-eine Strom, das ewig strömende Gesetz, Gott, das wir nicht schauen und das uns dennoch umgibt und durchströmt. Es ist das Gesetz der Liebe, des ewigen Seins, dessen Söhne und Töchter wir sind, ob wir es annehmen wollen oder nicht.

Jeder Einzelne von uns Menschen hat seinen derzeitigen Bewusstseinsstand, weil jeder Einzelne seine Seele belastet hat – der eine mehr, der andere weniger. Deshalb sind wir gefragt, jeder Einzelne.

Der Tag –
ein unvorstellbares Buch zur Erkenntnis

Der Bewusstseinsstand führt uns gemäß unserem geistigen Reifegrad und macht uns zielbewusst auf etwas aufmerksam, das uns jetzt und heute etwas zu sagen hätte.

Wer macht den Menschen auf seinen Bewusstseinsstand aufmerksam?

Es ist das allströmende Gesetz, Gott, das Sein, das durch die Unendlichkeit strömt, durch jedes Atom, jedes Molekül, durch alle Sonnen und Planeten. Gott ist das Sein, das *„Ich Bin das ur-ewige Gesetz ewiglich"*, das – wie gesagt – die Unendlichkeit durchströmt.

Nichts, aber auch gar nichts ist tot. Es gibt nichts Totes, alles hat Bewusstsein, das Leben bedeutet – und ist dies oder jenes noch so unscheinbar und scheint uns Menschen unnütz oder unbrauchbar. Wie wir das auch sehen: Alles fällt der Umwandlung zu, alles, auch das, was wir Menschen als tot oder gar als unbrauchbar bezeichnen.

Deshalb kann für jeden Einzelnen von uns der Tag ein unvorstellbares Buch zur Erkenntnis werden und ein entsprechendes Nachschlagewerk von einem unermesslichen Ausmaß.

Wie schon dargelegt: Heute ist wohl heute, doch der Morgen, unser beginnender Tag, bereitet schon die Botschaft vor für den, der vom Morgenschlaf erwacht. Jeder ist selbst gefragt, ohne Wenn und Aber. Die Botschaft für den beginnenden Tag sowie für den laufenden Tag haben wir, jeder von uns, irgendwann eingegeben.

Was zur Selbsterkenntnis und Bereinigung ansteht und unser Denken oftmals gefangen hält, es blockiert, möchte der Morgen und der Tag uns mitteilen, denn es ist eine Botschaft an uns.

Was der Tag auch aufzeigt, es kann uns wie gefangen nehmen, dann, wenn uns das Gleiche immer und immer wieder in Erinnerung kommt, weil es behoben werden möchte. Wenn uns das bewusst wird, sollten wir uns – so, wie es möglich ist – einige Minuten Zeit nehmen, um uns zu hinterfragen, was es uns zu sagen hat.

Nehmen wir das, was letzten Endes uns betrifft, ernst, dann wird unser Gemüt wohl etwas unruhig, weil unser Nervensystem versucht, einiges auf den Weg zu bringen, das uns erkennen lässt, was zu tun wäre.

Tun wir es, so weit, wie es uns möglich ist, dann wird bald unser Gemüt ruhiger und um einiges leichter.

Oftmals ist es unser Nächster, der unser Gemüt, unsere Nerven in Wallung bringen kann: Es gibt viele Anlässe, die uns erregen, aber gleichzeitig eine Botschaft an uns innehaben. Dies oder jenes oder gar unser Nächster entspricht nicht unserer momentanen Gemütsverfassung.

Oftmals ist es nur eine Kleinigkeit, die unser Gemüt erregt. Zum Beispiel liegt schon die ganze Zeit etwas dort, wo es nicht hingehört. Enttäuscht und ärgerlich räumen wir es heute beiseite und denken: „Wer hat das dort hingelegt und nicht aufgeräumt? Warum gerade heute?", sinnieren wir weiter. „Wer war es? Warum hat er es nicht aufgeräumt? Er hätte es schon längst tun können;

mich hat das schon lange gestört, nun musste ich es aufräumen", und, und, und.

Halt! – Die Frage: Hat mir das Aufräumen geschadet? Oder hat es etwas bewirkt auf meinem Weg in die Neue Zeit?

Ich erinnere mich plötzlich: Es gilt, frei zu werden von mir selbst. Das heißt: Zum einen hat mir das Aufräumen von dem, was ein anderer liegen lassen hat, geholfen, zum anderen habe ich gelernt: Wie es andere halten, geht mich nichts an. Ich habe es nur weggeräumt, weil es an diesem Platz nicht hingehört – und damit ist es getan.

Ein weiteres anschauliches Bild:

Ich gehe durch den Garten; plötzlich stolpere ich über einen kleinen Stein, der schon immer dort liegt und dort seinen Platz hat.

Ich schaue zu Boden, und siehe da: In der Rabatte im Blumenbeet ist eine Blume aufgegangen, die mich mit ihrer Farbe anlächelt, als hätte sie eine Botschaft für mich. Sie *hat* auch eine Botschaft: Bleibe stehen, und denke an das All-Leben, und öffne dich für das Leben.

Die Blume und auch Weiteres wie Gräser, Stauden, Sträucher und, und, und, erinnern uns an die Lilie der Reinheit und an den Beginn einer neuen Zeit.

Oder: Wie unerwartet steht ein Wort oder ein Satz in Ihnen auf, der eine gewisse Freiheit und Freude auslöst.

Auch das ist kein Zufall, so wie alles in unserem Dasein kein Zufall ist. Alles kann uns etwas sagen.

Auch ein Hinweis, der uns erfreut, kann ein Impuls aus der Natur sein, zum Beispiel: Werde von dir selbst frei und von dem, was andere wollen und tun, wie sie denken und was sie erwarten. – Es sei denn, man kann helfen, dann, wenn es Not tut.

Ein Tag hat viele Möglichkeiten zur Selbsterkenntnis, um sich selbst zu finden und von sich selbst frei zu werden. Gerade der Abend kann zur Erholung werden, dann, wenn man wieder einiges erkannt und behoben hat.

Das sind die ersten Ansätze zum wahren Gebet. Der wahre ewige Gott, der in allem das Leben ist, bedarf nicht der anstrengenden Lippengebete. Er, die All-Liebe, möchte, dass wir beginnen, unser himmlisches Erbe wieder zu leben, wieder zu lieben – was besagt: Gott in uns, Gott in allem, denn Gott ist das Leben.

Der wahre ewige Gott ist der redende Gott, das All-Leben.

Der Beginn des Umdenkens heißt, zu jedem Einzelnen von uns gesprochen:

Liebe das allgegenwärtige Leben, und schaffe die persönlichen Monologe ab, die Selbstgespräche, was besagt: frei werden von sich selbst.

Was sind unter anderem „Monologe"?

Zum einen mit sich selbst reden, zum anderen von sich oder anderen ein Bild machen und dieses durch die Mühle der Vorstellungswelt drehen, so lange, bis man selbst mit dabei ist und wenn möglich zur Hauptperson wird.

Das kann so weit führen, dass der Mensch glaubt, diese Person zu sein. Daraus erfolgt dann die Abwertung des Nächsten, die Besserwisserei und der Fremdeinfluss und die Fremdbestimmung, dann, wenn wir den ganzen „Zauber" des Egos nicht rechtzeitig unterbinden.

Es sei wiederholt: Unsere Aufgabe für ein gottbewusstes Menschentum heißt: frei werden von sich selbst.

Ich nenne das auch leer werden oder leer sein für die Augenblicke des Tages, denn ein Augenblick kann uns schon auf vieles aufmerksam machen und uns vieles mitteilen.

Deshalb heißt es auch: Nütze den Tag, nütze den Augenblick!

Erst dann, wenn wir von uns selbst frei werden, können wir das Leben, das All-Leben, verstehen, denn Gottes Wort ist das All-Leben.

Das wahre Leben ist das ewige Leben

Was ist Leben?

In Wahrheit gibt es ausschließlich nur *ein* Leben, auch wenn jeder Mensch von seinem Leben spricht.

Um uns selbst zu hinterfragen, müsste jeder die Frage an sich selbst richten: Was ist „mein" Leben, und wie lange ist es von Dauer?

Rasch und ohne weiter darüber nachzudenken, würden die meisten von uns sagen: „Nun ja, von Geburt bis zum Tod." Wenn wir nur die Jahre zählen, dann stimmt das.

Schon wenn wir „die Jahre von – bis" aussprechen, beginnt manch einer zu denken. Sind es Jahrzehnte oder nur Jahre, Stunden, Minuten, Augenblicke?

Unsere irdische Lebenszeit können wir nicht vorhersagen, auch nicht messen und wägen. Wir können uns nur am Abend eines jeden Tages fragen: Haben wir unseren Tag genützt, auch in Bezug auf unsere Einstellung zum Leben?

Haben wir gelebt oder vielfach nur vegetiert? Waren wir viel mit uns selbst beschäftigt, z.B. in Prologen und Monologen?

Die Fragen an uns selbst könnten sich auch auf die Vergangenheit beziehen. Jeden Abend könnte die Frage heißen:
„Habe ich gelebt? Wie oft habe ich mich mit mir selbst beschäftigt, und was bedeutet das im Hinblick auf meine Lebensenergie?"

Liebe Mitmenschen, wir kommen uns selbst näher!
Wo waren wir mit unseren Gedanken, als wir zur Arbeit fuhren oder zu Fuß unseren altbekannten Weg gingen?
Den mächtigen Baum am Wegesrand kennen wir, oder den Strauch, der gerade wieder blüht, wie jedes Jahr um dieselbe Zeit.
Wir wissen, wann was in unserem Garten blüht, oder wann da und dort im Garten eine Blume oder andere Gewächse Wasser benötigen, oder wie die Blume heißt, die heute wieder zur selben Zeit auf der Fensterbank blüht und, und, und.

Wenn es regnet, sehen wir die Wassertropfen, die bei Starkregen an die Fensterscheiben klopfen und, und, und.

Ja, wir leben!
Die Frage ist: Ist das wahrhaftig unser Leben, oder ist es die Vorschule zum Leben, oder sind wir auf diesem Planeten nur kurz vorbeigekommen, oder genügt es uns, Mensch zu sein?
Ich hoffe, dass so manch einer von uns Menschen darüber nachdenkt.

Ein paar weitere Fragen, um auf den Punkt der Lebensschulung zu kommen:
Warum gibt es so viele Arten von Blumen, kleine und große? Warum so viele unterschiedliche Arten von Sträuchern, Büschen und Bäumen? Wir bemerken, wenn wir das Blattwerk in Augenschein nehmen oder eine Blüte mit einer anderen von demselben Baum oder demselben Strauch vergleichen: Keine ist der anderen gleich.
Und wenn wir uns die Mühe machen und einen Stein mit einem anderen der gleichen Art vergleichen, merken wir: Kein Stein ist dem anderen

gleich, ebenso wenig wie die „Adern", die durch den Stein laufen, und, und, und.

Auch die Rinde eines Baumes ist wohl wie die Rinde eines anderen Baumes derselben Art, jedoch wieder anders strukturiert.

Im Großen und Ganzen könnte man mit Fragen in das Unendliche gehen.

Wir Menschen können die Vielfalt des Lebens nicht ganz und gar erfassen und ergründen – und doch ist in allem Sein der redende Gott.

Aus dem Ursprung allen Seins spricht uns das Leben an:

„Ich Bin das Leben, das All-Gesetz der Unendlichkeit und der Unendliche.
Mein Kind, lass dich führen, am Besten lass dich von Mir, dem Ich Bin, führen, denn du bist allgegenwärtiges Leben aus Mir, dem Ich Bin – Ich Bin das Leben!"

Liebe Mitmenschen, wir üben, wir lernen, denn vor uns liegt der Weg in die Neue Zeit, die die Ewigkeit ansagt.

In uns, im Urgrund unserer Seele, möchte sich das ewige, das wahre Leben bemerkbar machen. Wo wir auch gehen, wo wir auch stehen – alles beruht auf Kommunikation.

Jesus von Nazareth lehrte uns Menschen, dass wir der Tempel Gottes sind und Gott, das wahre Leben, in uns wohnt.

Der Ur-Spruch Seiner All-Gegenwart kommt aus dem Innersten unserer Seele, aus dem Wesenskern, und spendet der Seele und dem physischen Körper das Leben. Gleichermaßen ist der ganze Kosmos mit dem ewigen, wahren Leben durchströmt. Der redende Gott ist allgegenwärtiges Leben.

Das wahre Leben ist das ewige Leben, das sich im *„Ich Bin das Ich Bin, das Gesetz ewiglich"* offenbart.

„Ich Bin das Ich Bin" ist das ur-ewige Gesetz ewiglich. Es strömt aus dem Heiligtum des ewigen Seins und wirkt in der ganzen Unendlichkeit.

Wie gesagt: Es ist das ewige Leben. Es strömt auch im Urgrund unserer Seele und teilt sich in jedem Baustein unseres Daseins mit.

Wie schon berichtet, ist der Urgrund unserer Seele der Wesenskern, der in Kommunikation mit dem Unendlichen steht, dem *„Ich Bin das Ich Bin, das All-Gesetz, das Leben"*.

Es strömt in unseren Körper ein und möchte uns offenbaren, dass wir im Urgrund unserer Seele ein Wesen der Ewigkeit sind, das Sein des Seins, die Essenz des Reiches Gottes.

*Räumen wir das Allzumenschliche
in uns aus, um unser wahres Wesen
wiederzufinden:
Geist aus Seinem Geiste*

Wir sind gefragt, jeder Einzelne, umzudenken:

Wir haben buchstäblich unsere Körperzellen, unsere Körperfunktionen, alle Bausteine unseres Leibes mit dem Müll unseres Egos zugeschüttet – der eine mehr, der andere weniger.

Deshalb können wir das Sein, Gott in uns, den Vater-Mutter-Gott, das Leben, kaum mehr wahrnehmen oder gar nicht mehr.

Jesus von Nazareth sprach sinngemäß: *„Du bist der Tempel Gottes und Gott wohnt in dir."*

Das wollen wir an uns wahr werden lassen, indem wir beginnen, den Schutt des Allzumenschlichen in uns wegzuräumen, um „Gott in uns" wiederzufinden, Seine allgegenwärtige Liebe, die das ewige Leben ist. So wie das Leben, das Ich Bin, das

Gesetz ewiglich, durch die Unendlichkeit strömt, so erfüllt es die Naturreiche mit Leben – alles ist Kommunikation.

Jeder Stein, jede Pflanzenart, jedes Tier ist in dem Kommunikationsbewusstsein mit dem *„Ich Bin das Ich Bin, das Gesetz ur-ewig".*

Und wie steht es mit uns Menschen?
Kommunikation heißt nun mal: Senden und Empfangen.

Nicht oft genug kann wiederholt werden:
Der allmächtige All-Sender ist in uns und gibt unserem Körper Kraft zum Dasein.

Inwieweit wir bereit sind, das Sendepotenzial des Seins aufzunehmen, liegt bei uns selbst.

Schütten wir es tagtäglich weiter zu durch unser Egomanentum, das unzählige Komponenten gleich Facetten aufweist – oder legen wir es frei, indem wir die „Schuttmenge" unseres niederen Ichs allmählich aufarbeiten, um den All-Sender, das Leben, zu empfangen?

Nun – wir sind gefragt!

Das ur-ewige Leben ist immer Gegenwart. Je nach Bewusstseinsstand empfangen wir. Jeder Seelenmensch empfängt, denn jede Seele hat den Empfänger in sich.

Wie gesagt: Die ganze Unendlichkeit sendet, denn alles lebt und sendet. Gemäß unserem Bewusstseinsstand nehmen wir es wahr.

Alles, aber auch alles, ist vom ewigen Geist, Gott, durchströmt. Alles Sein empfängt je nach Bewusstseinsstand und sendet seinen derzeitigen Bewusstseinsstand aus.

Die Neue Zeit kommt dem willigen Menschen entgegen.

Deshalb heißt die Divise: Wir lernen, unsere ewige Heimat in uns, im Urgrund unserer Seele, wiederzufinden, das ewige Sein, indem wir uns selbst als Wesen in Ihm, in Gott, bejahen.

Das ewige Gesetz strömt durch die Unendlichkeit. Es ist Sein Wort ewiglich.

In diesem Bewusstsein leben die göttlichen Wesen und kommunizieren die göttlichen Wesen. Sie sind im All-Strom der Kommunikation, Wesen aus Seinem Geiste – Geistwesen.

Unser Weg führt wieder zurück, um einzumünden in das Wort, das die All-Kommunikation ist: *„Ich Bin das Ich Bin, das Gesetz ur-ewig."*

Es sei abermals wiederholt: Unser wahres Wesen ist Geist aus Seinem Geiste, das Wort, das Ich Bin, das Kommunikation ist.

Wir lernen, was Kommunizieren heißt: Als Erstes versuchen wir, zu empfangen, als Zweites lernen wir, zu senden.

Wir Menschen senden wohl tagtäglich unsere Anwesenheit aus, doch in unserem allzu menschlichen Sendepotenzial ist meist die Frage anhängig, was wir daraufhin hören, also empfangen wollen.

Die Neue Zeit hat vieles vor.

Wir beginnen mit den Naturreichen. Später geht es weiter mit der Tierwelt und dann um einiges höher mit den Strahlen der Planeten.

Was nur kurz angedeutet wurde, ist kein Spiel.

Deshalb der Hinweis: Im Grunde unserer Seele sind wir Geistwesen.

Was das Wort „Geistwesen" uns sagen möchte, heißt: Geist aus Seinem Geist, Wesen aus Seinem Geiste zu sein.

Das Blut, unser Spiegelbild.
Der Mensch im Tiefstand
der Degeneration

Wenn man bedenkt, dass im ewigen Sein alles in Kommunikation mit allem ist, dann erfassen wir allmählich, wie armselig die Menschheit geworden ist. Der Mensch ist auf die Technik angewiesen, um da und dort mit anderen Menschen in Kommunikation zu kommen. Die Menschheit ist bestrebt, die Technik immer weiter auszubauen.

Auch die sogenannte Wissenschaft sucht nach weiteren Erkenntnissen, wobei sie meist im Trüben, im Materiellen fischt.

Ein Beispiel: Der Mensch ist noch weit entfernt davon, darüber nachzudenken, was es mit dem Blut auf sich hat und was das Blut innehat.

Das Zellbewusstsein und das Blut, der Blutfluss, wurden durch das falsche Verhalten ehemaliger Geistwesen geschaffen, was mehr und mehr zur Degeneration führte, weil sich der ätherische Strom mehr und mehr verdichtet hat.

Die Menschwerdung kann man der allmählichen Verdichtung ehemaliger Geistwesen, auch Verdickung genannt, zuordnen.

Solange Menschen Kriege führen, Tiere töten, Tiere schlachten und ihr Fleisch verzehren, wird Blut vergossen.

Haben wir Menschen uns schon einmal Gedanken gemacht, warum das Blut aufhört zu fließen, wenn der Mensch nicht mehr atmet? Wir nehmen alles so hin, wie es nun mal scheint. Der Atem ist entscheidend. Es bedarf nun mal des Sauerstoffes und des Stickstoffes, Elemente, die wir auch als Luft bezeichnen und die für unsere Atmung von Bedeutung sind.

Ebenso wenig denkt der Mensch über das Hinscheiden des materiellen Körpers nach. „Alles logisch", heißt es, „es ist nun mal logisch, dass der Körper welkt und vergeht, wenn er hingeschieden ist."

Natürlich beginnt er zu verwesen und im Weiteren rasch zu riechen – also alles logisch?

Warum ist das in der Natur anders?

Der Baum fällt, der Strauch verwelkt, die Blume welkt, die Natur gibt im Herbst ihr Jahrespensum ab. Das Hinwelken oder Hinscheiden in der Natur hat nichts mit Tod zu tun, denn im Frühjahr, wenn es an der Zeit ist, gibt sie ihr blühendes Leben der Erde zurück.

Die Natur als Ganzes muss nicht sofort beerdigt oder verbrannt werden, weil man die Überreste nicht mehr zu riechen vermag.

Beim Tier ist es ähnlich wie beim Menschen, auch das Tier hat Blut.

Es sei zum Nachdenken angeregt:
Das Blut trägt Stoffe, die für die Transformation, gleich All-Kommunikation hinderlich sind.

Das Tier ist meist für den Menschen unzugänglich aufgrund der Verhaltensweisen der Menschen, durch Freiheitsentzug, durch Tiertransporte, durch die Jagd, durch die Massentierhaltung und durch das Töten und Verzehren von Fleisch.

Wie schon geschrieben, nenne ich die Ichheits-Komponenten Fühlen, Empfinden, Denken, Sprechen und Handeln. Diese fünf Ichheits-

Komponenten wirken auf unsere fünf Sinnes-Komponenten ein: Sehen, Hören, Riechen, Schmecken und Tasten.

Und Blut vergleiche ich mit einem Spiegel, in dem sich jeder von uns spiegelbildlich sehen kann. Das Spiegelbild entspricht nicht unserem Nächsten, also dem anderen – wir sind es.

Es sind unsere Entsprechungen, die der Kommunikation mit dem All-Gesetz des Lebens entgegenstehen.

Auch des Menschen Technik steht dem ewigen Gesetz der Kommunikation entgegen.

Wir Menschen sind letztlich gegen alles, was wir nicht schauen und fassen können. Wir Menschen sind wie Trockenholz in schmutzigen Gewässern. Der Mensch als solcher ist eine Entartung durch den Fall.

Wie schon in vielen göttlichen Offenbarungen berichtet, ist der Fall, die Dichte, nichts anderes als heruntertransformierter Lichtäther, also Energie, die grobstofflich wurde durch die Fall-Experten, die es anders sehen wollten als der Ewige, den wir Menschen Gott nennen.

Wenn man bedenkt, dass alles auf Energie beruht und alles zusammenströmt zur Einheit, die der Ewige ist und die vom Ewigen ausgeht, und dass des Menschen Kommunikationsnetz lediglich durch Technik besteht, dann fühlt man, welch ein Bild wir Menschen abgeben.

Wie offenbarte der Cherub, der Fürst der ewigen Weisheit: Die Degeneration schlechthin – in dunkelster Ausprägung.

Der Mensch als solcher ist ein Verbraucherbündel von Energie, um sich selbst zu erhalten.

In vielen göttlichen Offenbarungen lesen wir von beseelten Menschen und von unbeseelten Menschen.

Jesus von Nazareth sprach: *„Das Reich Gottes ist inwendig in euch."* Wer das „inwendig" nicht besitzt, die Seele mit dem Wesenskern, der ist nur Masse, also Mensch ohne Seele.

Der beseelte Mensch hat nun mal eine Seele, deren Wesenskern die Essenz des Reiches Gottes ist, die der Christus Gottes durch den Erlöserfunken, Sein göttliches Erbe, geschützt hat.

Durch die Zurücknahme der geistigen Leihgabe an die Fallexperten löst sich auch allmählich die Grobstofflichkeit auf, denn die Unendlichkeit ist und bleibt ewig feinstofflich.

Nach ehernen Gesetzen wird allmählich alles Unbeseelte der Erde zugeführt, um nach Gesetz und Ordnung umgewandelt zu werden.

Kommen wir wieder zum Ursprung unseres Themas zurück: Gott in uns und wir in Gott.

Wie kann der Mensch sich von seinem Denkmodell befreien, die Krone der Schöpfung zu sein, die sich alles erlaubt – gegen sogenannte Menschen zweiter Klasse, gegen Tiere und die Natur?

Einzig durch das Umdenken und nicht zuletzt durch das Abwenden von seinen Gebetsformeln an einen „Gott", der nur verlangt und den Menschen steuert nach seinem Willkürgesetz, das zwingt, aber nicht gibt.

Glaubenszwang ist wie eine Droge, die den Menschen zwingt, das zu tun, was die Religion vorgibt.

In den Zeiten der Zeiten führte das zur inneren Verarmung der Menschen und letzten Endes zum Missbrauch des Lebens der Natur und der Tierwelt, denn der heruntertransformierte Menschenkörper bedurfte immer mehr Nahrung bis hin zum Konsum des Fleisches seiner Mitgeschöpfe.

Die Umkehr für Menschen in der kommenden Zeit, in das Neue Zeitalter, das angekündigt ist, ist die All-Kommunikation.

Für Menschen der Neuen Zeit bedeutet das: Wir sind gefragt, die Freiheit zu erlangen durch das Sich-Lösen von der Götzendiktatur.

Jeder Einzelne von uns Menschen wird sich irgendwann der Frage stellen, wie er es mit den Zehn Geboten Gottes und der Bergpredigt des Jesus, des Christus, gehalten hat?

Haben wir auf unsere Ichheits-Komponenten Fühlen, Empfinden, Denken, Reden und Handeln geachtet, um diese zu hinterfragen und umzuwandeln? Und wie sieht es aus mit den fünf Sinnes-

Komponenten, mit dem Sehen, Hören, Riechen, Schmecken und Tasten?

Die Fragen an uns selbst können dahingehend weitergehen:

Womit habe ich mein Blut gespeist und über mein Blut meine Nerven, Organe und meine Partikelstruktur der Seele genährt – ich, der Mensch?

Nur zum Nachdenken: Die Eiweiße und Eiweißverbindungen im Blut werden von den Inhalten der fünf Ichheits-Komponenten über unsere Verhaltensweisen und über die fünf Sinneswahrnehmungen programmiert.

Diese unsere Verhaltensweisen werden von unseren Nerven aufgenommen und über die entsprechende Strahlung – denn alles ist Energie – in die geistige Partikelstruktur unserer Seele übertragen.

Wenn der Cherub der göttlichen Weisheit von „Menschen, Menschen und abermals Menschen" spricht, dann meint er unter anderem auch den Tiefstand der Degeneration des Menschen.

Wollen wir weiter nachdenken, dann eventuell über den Kehlkopf. Unsere Worte kann man als verkrüppelte „Laute" bezeichnen, die nicht jeder so zu verstehen vermag, wie wir sie meinen, auch wenn wir unsere „erprobte" Technik benützen.

Und wie steht es mit der Kommunikation ohne Worte? Man forscht und glaubt, die Gedankenübertragung bringt uns weiter, doch wie sieht es mit den Inhalten der Gedanken aus? Wie kann man diese ergründen?

Fragen über Fragen ...

Warum ist der Körper des Menschen so schwer?

Jeden Tag bedarf er der entsprechenden Nahrung und eventuell auch einiger Medikamente. Warum?

Wir Menschen gewöhnen uns an alles; wichtig für uns Menschen ist zu wissen, dass jemand das entsprechende Konzept hat. Die Antwort ist schnell und allgemein: Der Mensch ist nun mal unvollkommen. – Stimmt!

Nach dem ewigen Ur-Gesetz gehört der Mensch gar nicht zum Ur-Prinzip des Seins, dem „Es werde". Der Mensch als solcher gehört dem Fall-

Gedanken an, sein zu wollen wie Gott, der Ewige. Deshalb spricht er davon, die Krone der Schöpfung zu sein.

Wir Menschen im Zeitalter der Technik sind vielfach an Prologe und Monologe gefesselt, denn die Rechthaberei hat das als Programm.

In Wirklichkeit ist der Mensch ein Flechtwerk von Gehabe und Getöse, mit dem Ziel, Recht zu haben. Dieses Milieu baut er so lange auf, bis er sich selbst zuwider ist. Dann kommt er allmählich zur Einsicht und versucht, sich selbst zu finden.

Wo kann begonnen werden?

Wie schon gesagt – bei den fünf Ichheits-Komponenten: Was glaube ich, zu fühlen? Was empfinde, was denke ich, und was rede ich? Was will ich betasten, und was betaste ich?

Alle fünf Komponenten zusammengefasst sind Trugbilder, die wohl viele Inhalte haben, die jedoch nur zu erforschen sind, wenn der Mensch wirklich umdenken will – und nicht nur dem Schein nach.

Wir selbst sind gefragt, die Veränderung jedes Einzelnen

Dass wir nicht *nur* ein Scheinbild gleich Trugbild sind, lässt sich auch an unseren fünf Sinnes-Komponenten ablesen, dann, wenn sich eine Balance, eine Ausgewogenheit in unseren allgemeinen Gewohnheiten und Essgewohnheiten einstellt. Das bedeutet eine gewisse Verfeinerung des Physischen hin zum Seelischen.

Wenn wir das an uns bemerken, dann fühlen wir:
Jetzt beginnt die wahre tiefe Schulung:
Gott in mir und ich in Gott.
Das Göttliche ist das Allgegenwärtige –
die Allgegenwart ist Gott.

Unsere Ichheits-Komponenten sind richtungsweisend, denn jeder Tag ist unser Tag. Jeder Einzelne von uns lebt seinen Tag. Gerade das Auge und das Gehör sind vielfach richtungsweisend. Wohin schaue ich? Was sehe ich? Was fühle oder denke ich dabei? Das wäre unter anderem eine Spur zu uns selbst. Es lohnt sich wahrlich innezuhalten, zum Beispiel, wenn wir im Fahrzeug unterwegs sind, kurz eine Parkmöglichkeit aufzusuchen, um eventuell aufzunotieren, was das Auge oder das Ohr uns mitgeteilt hat, um uns dann, wenn wir etwas mehr Ruhe haben, zu hinterfragen.

Oder wenn wir zu Fuß unterwegs sind oder anderweitig uns aufhalten: Notieren wir auf, was Auge und Ohr uns übermitteln.

Wenn uns die Möglichkeit dazu gegeben ist, hinterfragen wir uns, ob unser Fühlen oder Denken einheitlich waren oder wir uns nur mit unseren Gefühls- und Gedankenhülsen begnügten und, und, und.

Selbst wenn das so wäre, haben unsere Gefühls- und Gedankenhülsen dennoch Inhalte, denn alles ist Energie. Alles, was wir fühlen und denken, alle unsere zehn Komponenten – es sind die fünf Ichheits-Komponenten und unsere fünf Sinnes-Komponenten – haben Inhalte, auch wenn wir glauben, dass etwas nur dahingesprochen oder nur „gedankenlos" gedacht war.

Der Körper jedes Menschen besteht aus seinen zehn Komponenten. Auch wenn wir vom Körper als solchem sprechen, der für uns eine Selbstverständlichkeit ist – alles beruht auf unseren spezifischen Inhalten. Jeder Baustein unseres Leibes, bis hin zur letzten Faser, hat Inhalte, ob wir das annehmen wollen oder nicht.

Liebe Mitmenschen, letzten Endes ist jeder Einzelne von uns als Mensch ein einmaliges Trugbild, ein System ohnegleichen. So gesehen kann man sagen: Wir sprechen von uns, kennen uns aber nicht.

Trotz allem: Es wird noch einmal werden, bevor die Welt vergeht, dass doch auf dieser Erden ein Friedensreich entsteht ….

Die Lösung liegt letzten Endes in der Veränderung jedes Einzelnen. Deshalb immer wieder die Aussage: Wir sind gefragt.

Wenn man bedenkt, dass der wahre ewige Gott der allgegenwärtige Ewige ist, dann dürfen wir auch davon ausgehen, dass der wahre ewige Gott auch in uns ist, im Urgrund unserer Seele. Um uns dem Urgrund, dem Wesenskern unserer Seele, zu nähern, sollten wir uns dahingehend ändern, dass wir uns als Seelenmenschen bewusst machen, dass der wahre ewige Gott der redende Gott ist.

Deshalb: Wohin wir schauen, wohin wir auch gehen – überall ist Gott, der Schöpfergeist, das redende All-Bewusstsein.

Ob wir das Firmament betrachten und in uns nachschwingen lassen oder einen Baum, einen Strauch, eine Blume oder einen Stein in näheren Augenschein nehmen – wir werden bald fühlen, dass eine tiefe Resonanz in uns anschwingt, die wir allerdings nicht erzwingen sollen.

*Jede Lebensäußerung
wird aufgezeichnet – unsere Filmspulen
sind Tag für Tag aktiv*

Wie schon berichtet: Jeder Tag ist der persönliche Tag jedes Einzelnen. Wir sollten unsere fünf Ichheits-Komponenten beachten und, je nachdem, was uns der Tag zuspiegelt, hinterfragen. Also, wir sind gefragt.

Alles beruht auf Energie. Unsere oftmals so lapidaren Nebengedanken und Nebensätze, unser unkontrolliertes Sprechen, auch unsere Handlungen könnten wir mit Film-Spulen vergleichen, auf die wir alles aufnehmen, auch das, was „so nebenher" läuft.

In jeder Situation sind wir gefragt und nicht der andere, auch wenn wir der Ansicht sind, dieser wäre mitschuldig.

Es kann ja sein, dass es so ist, doch wir sind gefragt, was bei uns anhängig ist. Alles, aber auch alles, was uns betrifft, das aus unseren Ichheits-Komponenten ist, nehmen wir zum Beispiel auf unserer Spule oder gar Spulen auf. Unsere Film-Spulen, die uns als Bild und Ton aufzeichnen, sind Tag für Tag aktiv – es sind wir selbst – und zeigen uns, wie viel wir täglich beheben können.

Nützen wir unsere Tage, um das Ungute zu beheben, dann werden wir in Bälde merken, dass wir lockerer und leichter den Tag beginnen, also angehen, weil wir immer mehr zu uns selbst finden und dadurch auch freudiger das analysieren, was uns so „zufällig" bewegt.

Wie gesagt: Es gibt sehr vieles, was uns der Tag aufzeigen möchte. Es ist immer unser System, es sind immer unsere Eingaben, unsere systematischen Spulengesetzmäßigkeiten.

Unser Tag möchte uns auf vieles aufmerksam machen. Zum Beispiel: Durch zwei Steine spitzt ein Grashalm hindurch. Unbemerkt von vielen Menschen, die den steinigen Weg benützen, macht er uns trotz unserer altgewohnten Denkwelt aufmerksam, dass auch er ein Teil des Lebens ist.

Wir haben gelernt, kurz innezuhalten, dann, wenn es die Zeit und die Umgebung erlauben. Unser Sehsinn löste in dem Bewusstsein unserer Gefühls- und Gedankenwelt einiges aus.

Wir merken, dass sich viele, oftmals sehr viele Erinnerungen oder Gedanken oder frühere Gespräche dazwischenschieben. Wir schauen genauer hin, doch unsere Gedanken haben uns schon weitergetragen – wir sind schon wieder ganz woanders.

Das ist die Spule, ja, das sind die Spulen, die unser bisheriges Erdenleben aufgenommen haben.

Hand aufs Herz: In Wirklichkeit wissen wir nicht, wer wir sind – doch alles ist aufgezeichnet und auf den entsprechenden Spulen festgehalten. Deshalb ist es von Bedeutung, uns selbst zu finden, um bei unserem wahren Wesen wieder anzukommen, bei Gott, dem Ewigen, All-Einen, der im Urgrund unserer Seele wirkt.

Das bedeutet Mäßigkeit und Disziplin.

Liebe Mitgeschwister, es lohnt sich, sich selbst zu finden, in dem, was wir zum Beispiel auf unseren Spulen alles aufgenommen haben. Bald werden wir gewahr werden, dass auf so mancher Spule immer dieselben Gewohnheiten und sogar Abartigkeiten zu finden sind. Haben wir einiges abgearbeitet, dann merken wir, dass auch die anderen Spulen dünner werden. Zum einen, weil wir vielfach dieselben Denk- und Redegewohnheiten mit immer denselben Inhalten erkennen und angehen, zum anderen durch Leichtigkeit und Aufgeschlossenheit. Wir werden uns gegenüber immer aufmerksamer, gleich wachsamer, was unseren Tag betrifft, der uns – wie gesagt – viel zu sagen und aufzuzeigen hat.

Wir finden mehr und mehr zu uns selbst. Unser Berater ist ein Fachspezialist, es ist unser Tag.
In Bälde wird uns auch bewusst werden, dass wir schon am Morgen bei unserem Tag angekommen sind.

Geben wir uns also selbst eine Chance, um durch Umorientierung unserer zehn Komponenten uns selbst zu erleben.
Dabei werden wir nicht nur ruhiger – wir werden uns selbst allmählich ganz anders wahrnehmen. Was bisher unbedingt sein musste, werden wir zu analysieren wissen und ergründen, was heute notwendig ist.

Auch das allzu menschliche Anliegen gehört dazu, uns unbedingt mitteilen zu müssen und, wenn möglich, im Gespräch mit einer Ausdrucksweise, die dafür sorgt, dass wir im Mittelpunkt stehen.

Was haben wir davon?

Wir stellen dabei fest, dass uns Energie fehlt, die uns ein anderer zukommen lassen soll.

Wir lernen: In gleichen und ähnlichen Situationen versuchen wir, uns zurückzunehmen. Die Analyse an uns selbst zeigt schon auf, was wir an uns selbst bemerken. Wir beginnen, uns mehr und mehr zum Positiven zu verändern.

Durch die Selbstanalyse machen wir an uns selbst die Erfahrung: Wir sind ruhiger und in uns gefestigter. Die Veränderung ist eine Verfeinerung unseres Wesens.

Dadurch lernen wir auch, alles mehr in Augenschein zu nehmen. Auf dieser Grundlage bauend, heißt es, sich nicht von Menschen und Religionen abhängig zu machen.

Wir sind gefragt, wie wir es mit dem All-Leben halten wollen

Gott, der Ewige, gab uns durch Mose die Zehn Gebote und Sein Sohn, der Christus Gottes, die Bergpredigt.

Wenn wir unsere Zuwiderhandlungen erkennen, die aus der Seele kommen können oder aus unserem Unterbewusstsein, dann stellen wir diese den Zehn Geboten Gottes und der Bergpredigt gegenüber. Daraus ersehen wir unseren weiteren Weg – Gott in uns und wir in Gott.

Der himmlische Vater-Mutter-Gott weiß um alle Seine Kinder. Er, der Allmächtige, hat uns alle, jedes Einzelne Seiner Kinder in Sich geschaut und aus Sich geschaffen, als Seine Ebenbilder, himmlische Wesen des Seins, zu diesen wir wieder werden sollen.

Ein Hinweis an uns: immer mal wieder an das Wesen in uns zu denken.

Auch in jedweder Bewegung, in der ganzen Unendlichkeit, ist Gott, das All-Gesetz des Ewigen Seins.

Der Vater-Mutter-Gott, der Schöpfer der Unendlichkeit, ist Liebe.

Wenn wir in unseren Gedanken, in unserem ganzen Verhalten lichter werden, dann erkennen wir des Öfteren, dass uns eine Blume am Wegesrand anlächelt oder ein Tier uns zutraulich anblickt. Wir haben empfangen – Gott in uns.

Immer wieder sind wir aufs Neue gefragt, wie wir es in Zukunft weiter halten wollen, natürlich mit uns selbst. Unser Erdenleben könnte sehr erfüllt sein, wenn wir uns als einen Teil des Ganzen erkennen, ohne unser Ego breitzumachen, ohne etwas sein zu wollen.

Nützen wir unseren Tag, Gott in uns näherzukommen, denn wir sind umgeben von dem Leben, das als Essenz in uns ist und im Wesenskern unserer Seele.

Wir sind gefragt, wie wir es mit dem All-Leben halten wollen.

Einzig wir selbst sind gefragt, denn wir, jeder beseelte Mensch, ist der Tempel Gottes, und das All-Licht, die All-Liebe ist in uns, im Urgrund unserer Seele. Die All-Liebe ist der Schöpfer allen Seins. Er ist der Vater-Mutter-Gott, der uns als Seine Söhne und Töchter geschaut und uns als Seine Ebenbilder geschaffen hat, Geistwesen aus Seinem Geiste, Gott.

Das ist der Beginn des Lilienzeitalters für die Neue Zeit, Gott in uns und wir in Gott.
Wir können auch denken – und natürlich auf uns persönlich beziehen: Gott in mir und ich in Gott, dem Vater-Mutter-Sein.
Wir sind also gefragt, jeder Einzelne von uns.

Darf ich Ihnen auf Ihrem Lilienweg eine geistige Lilie überreichen?

Ihre Schwester im Geiste der Liebe,
Gabriele